まちごとチャイナ

Shanghai 001 Shanghai

はじめての上海

中国への
ゲートウェイ

Asia City Guide Production

【白地図】長江デルタと上海

CHINA
上海

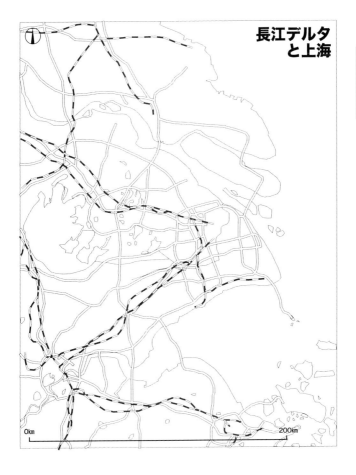

長江デルタ
と上海

白地図

【白地図】上海

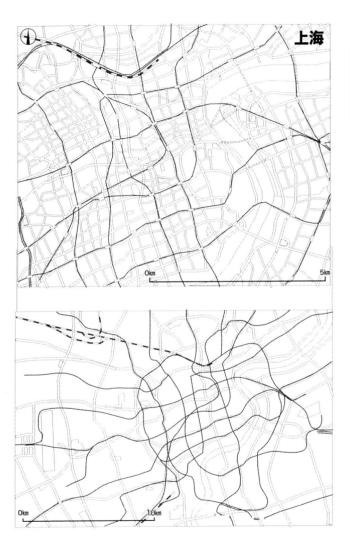

上海 / Shanghai / 白地図

【白地図】浦東（陸家嘴）

浦東（陸家嘴）

Shanghai 白地図

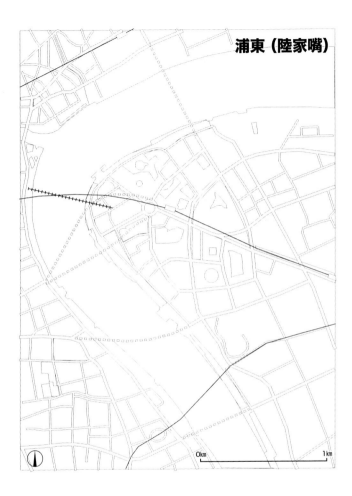

【白地図】外灘（バンド）

CHINA
上海

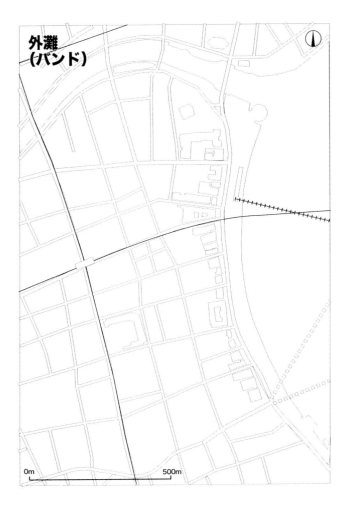

【白地図】南京東路

CHINA
上海

南京東路

南京東路と外灘

Shanghai 白地図

【白地図】旧上海県城

CHINA
上海

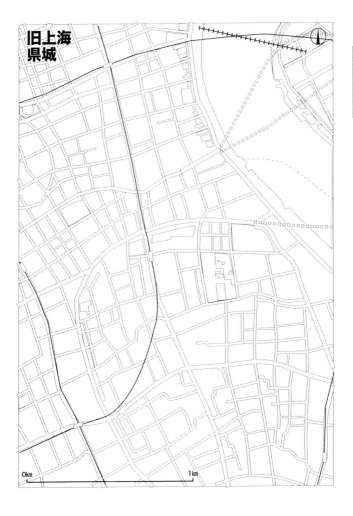

旧上海県城

Shanghai 白地図

【白地図】豫園（園林区）

【白地図】旧フランス租界

CHINA
上海

【白地図】虹口

虹口

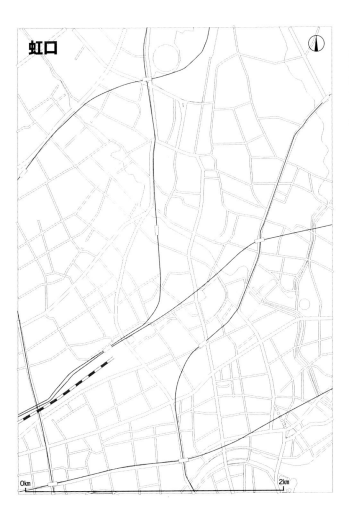

Shanghai 白地図

【まちごとチャイナ】

上海 001 はじめての上海

上海 002 浦東新区

上海 003 外灘と南京東路

上海 004 淮海路と市街西部

上海 005 虹口と市街北部

上海 006 上海郊外（龍華・七宝・松江・嘉定）

上海 007 水郷地帯（朱家角・周荘・同里・甪直）

CHINA
上海

長江へ注ぐ黄浦江が大きく弧を描くほとりに開けた中国最大の都市上海。黄浦江の西岸には外灘（バンド）と呼ばれる西欧風の石づくりの建物がならび、対岸の浦東地区には東方明珠電視塔や上海環球金融中心といった超高層建築が摩天楼をつくりだしている。

古い歴史をもつ中国にあって、19世紀になるまで長いあいだ上海には小さな県城と漁村がたたずむに過ぎなかった。アヘン戦争に敗れた清朝は、1842年の南京条約で上海を開港し、イギリスをはじめとする西欧列強が中国進出の足がかりとし

上海 shàng hǎi 上海
Shanghai

たことで街は急速に発展した（たった150年ほどのあいだで、中国でもっとも先進的な気風をもつ街へと成長した）。

また20世紀後半になって改革開放が唱えられ、上海に金融センターがおかれると、それまで湿地帯が広がっていた東岸の浦東に次々と高層建築が建てられるようになった。急成長を続ける中国にあって、上海は投資、観光、流行などの各分野で注目が注がれる経済、文化の中心地となっている。

【まちごとチャイナ】

上海001 はじめての上海

目次

はじめての上海 ……………………………………………… xx

中国屈指のメガシティ ……………………………………… xxvi

浦東城市案内 ………………………………………………… xxxv

外灘城市案内………………………………………………… xliii

南京東路城市案内 …………………………………………… l

豫園城市案内 ………………………………………………… lvi

淮海中路城市案内…………………………………………… lxiv

虹口城市案内………………………………………………… lxxi

城市のうつりかわり ………………………………………… lxxvii

【MEMO】

【地図】長江デルタと上海

CHINA
上海

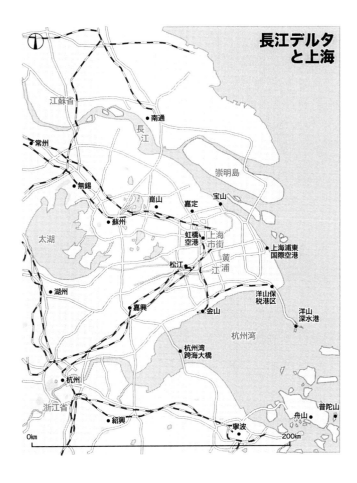

中国屈指のメガシティ

CHINA
上海

19世紀まで小さな県城があった上海の地
長江流域へ続く地の利に目をつけた西欧によって
瞬く間に中国を代表する都市へと成長した

「上海から」はじまる

1842年に開港し、イギリスの居留地がおかれた上海では、電気や街灯といった西欧の文明、思想、文化などが中国で最初に流入することになった（それまでの中国は事実上鎖国体制にあった）。イギリス、フランス、アメリカなど西欧諸国の影響のもと、上海は進取の気質をもつ国際都市として発展し、1920年代にはニューヨークやロンドンにもくらべられる都市となっていた。こうしたところから上海人は、外国商品や外資のものをいち早く受け入れる柔軟性をもち、「上海で成功したもの」が中国全土に広がるという。そのため、新

たな商品や情報、新たなファッションなどは上海から発信されている。

上海の構成

長江河口地帯で合流する黄浦江からさかのぼった位置にある上海（テムズ川をさかのぼった位置のロンドンにくらべられる）。上海は、黄浦江の水利を使った港町として発展をはじめ、長いあいだ街の中心だった浦西（外灘側）では、今も19世紀以来の街区を残している。一方、21世紀に向けて開発されたのが対岸の浦東で、超高層ビルが林立するほか、浦東国

CHINA
上海

際空港、空港と市街部を結ぶリニアモーターカーなども見られる。街を東西に結ぶ地下鉄2号線をはじめ、網目のように地下鉄が走り、市街は郊外へ拡大し続けている。

なぜ上海が発展したの

上海は、北京、天津、重慶とならぶ中国四大直轄地のひとつで、とくに「政治・外交都市」北京に対して、「経済・金融都市」の性格をもつ。上海は中国沿岸部の長い海岸線のちょうど中央部にあたり、また長江を通じて世界有数の人口密集地帯に続く地に位置する（イギリスは1845年に租界を構える以前

▲左　外灘の和平飯店北楼。かつてサッスーン財閥が本拠を構えていた。
▲右　繁華街南京東路。はじめての上海では必ず訪れる通り

から、この地の将来性を見抜いていたという)。そのため中国沿岸部を「弓」に、長江を「矢」にたとえ、上海はそれが放たれる中国経済の心臓部にあげられる。

上海料理とは

麦食中心の北京や西安に対して、上海では「魚米の里」と言われる肥沃な江南の地で育まれた米や魚介類が食されている。19世紀以降、発展した上海では、蘇州や南京、杭州や寧波など江南各地の料理があわさり、麺料理から粥料理まで幅広い（醤油と砂糖で煮つけた紅焼などが好まれる）。また

CHINA
上海

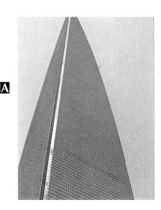

▲左　空に伸びる上海環球金融中心、遠くから見ると栓抜き型をしている。
　▲右　上海の街角で見た屋台、中国各地の料理が食べられる

「蒸蟹（上海蟹の姿蒸し）」「酔蟹（よっぱらい蟹）」など上海近郊でとれた秋の上海蟹（大閘蟹）、豚のひき肉をベースにしたあんを皮でくるんだスープ入りの「小籠包」、それを蒸し焼いた「生煎饅頭」は上海の名物料理として知られる。

【MEMO】

【地図】上海

【地図】上海の [★★★]
- ☐ 東方明珠塔 东方明珠塔 ドンファンミンチュウタア
- ☐ 外灘 外滩 ワイタン
- ☐ 南京東路 南京东路 ナンジンドンルウ
- ☐ 豫園 豫园 ユウゥユゥエン

【地図】上海の [★★☆]
- ☐ 中華芸術宮 中华艺术宫 チョンファアイイシュウゴン
- ☐ 新天地 新天地 シンティエンディイ
- ☐ 田子坊 田子坊 ティエンツウファン

【地図】上海の [★☆☆]
- ☐ 黄浦江 黄浦江 ファンプウジィアン
- ☐ 南京西路 南京西路 ナンジンシイルウ
- ☐ 龍華寺 龙华寺 ロンフゥアスー
- ☐ 虹口 虹口 ホンコウ
- ☐ 魯迅公園 鲁迅公园 ルウシュンゴンユゥエン

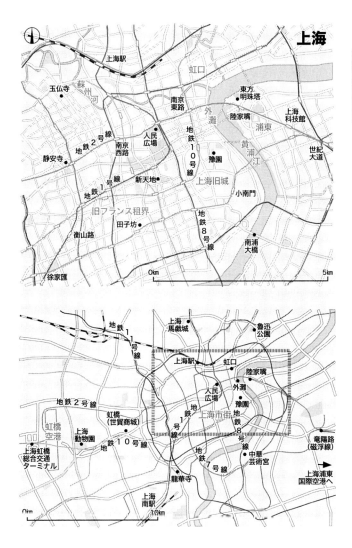

上海 Shanghai 中国屈指のメガシティ

【MEMO】

Guide, Pu Dong
浦東城市案内

「改革開放を加速せよ」という1992年の鄧小平の言葉とともにほとんど何もなかった地にわずか10年で摩天楼が出現した未来都市を思わせる上海浦東

東方明珠塔 东方明珠塔
dōng fāng míng zhū tǎ ドンファンミンチュウタア[★★★]
上海のランドマークとなっている高さ468mの東方明珠塔。銀とピンクの球体が空中に浮かび、球体ごとに展望台がもうけられている。テレビ塔の役割をもつほか、上海城市歴史発展陳列館が併設されている。1994年に完成し、黄浦江をはさんで対岸の外灘からも美しい姿を見ることができる。

【地図】浦東（陸家嘴）

【地図】浦東（陸家嘴）の [★★★]
- ☐ 東方明珠塔 东方明珠塔ドンファンミンチュウタア
- ☐ 上海環球金融中心 上海環球金融中心 シャンハイファンチィウジンロンチョンシン
- ☐ 外灘 外滩ワイタン
- ☐ 豫園 豫园ユウゥユゥエン

【地図】浦東（陸家嘴）の [★☆☆]
- ☐ 黄浦江 黄浦江ファンプウジィアン
- ☐ 虹口 虹口ホンコウ

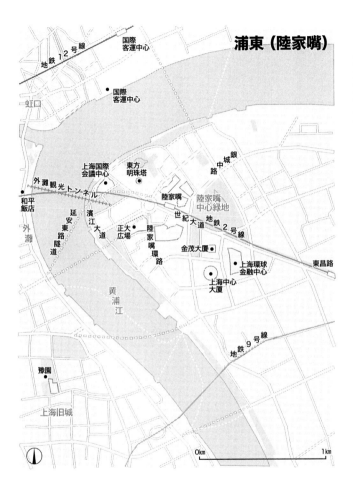

CHINA
上海

上海環球金融中心 上海環球金融中心
shàng hǎi huán qiú jīn róng zhōng xīn
シャンハイファンチィウジンロンチョンシン [★★★]

オフィス、ホテル、レジャー施設からなり、縦型都市が意識された上海環球金融中心。高さ492m、地上101階で、頂部に展望台スカイウォーク100が位置する。この展望台からは浦東に立つ高層建築、対岸の外灘、黄浦江に合流する蘇州河、その北側の虹口など上海市街を遠望できる。日本の森ビルによって2008年に建てられた。

▲左　上海のランドマークとなっている東方明珠塔。　▲右　上海環球金融中心の展望台、エレベーターで一気にのぼる

世界有数の摩天楼

銀行、保険、証券、投資会社などが集まる浦東陸家嘴は中国を代表する金融センターとなっている。東方明珠塔（高さ468m）のほか、金茂大厦（高さ420m）、上海環球金融中心（高さ492m）がそびえ、2014年竣工の上海中心大厦（高さ632m）の完成で、1990年にはじまった陸家嘴の開発が新たな段階に達することになった。この陸家嘴では超高層ビルが林立する一方、緑地がしっかりと確保された計画都市となっている。

中華芸術宮 中华艺术宫 zhōng huá yì shù gōng
チョンファアイイシュウゴン ［★★☆］

中華芸術宮は、2010年開催の上海万博中国館が再利用された美術館。古代の「東洋の冠」を意識した逆ピラミッド型の外観は中国赤で彩られている（高さ69m）。この美術館では『清明上河図』『群仙祝寿図』などの中国を代表する絵画、青銅器、彫刻を収蔵する。また周囲には上海世博展覧館、世博中心、梅賽徳斯 - 奔馳文化中心など、万博で使われた大型施設が位置する。

▲左　万博の顔でもあった中華芸術宮、上南地区の開発も進む。　▲右　速度をあげていく上海リニア、時速を写真におさめる人も見える

上海磁浮交通 上海磁浮交通 shàng hǎi cí fú jiāo tōng
シャンハイツーフウジャオトン ［★★☆］

世界ではじめて実用化されたリニアモーターカーとして知られる上海磁浮交通。中国とドイツの共同出資で2002年に完成し、上海浦東国際空港と上海市街部（龍陽路）の30kmを8分で結ぶ。最高時速は430キロになる。

Guide, Wai Tan
外灘城市案内

1920 〜 40 年代に建てられた
石づくりの欧風建築がずらりとならぶ外灘
オールド上海の魅力を今に伝える街並み

外灘 外滩 wài tān ワイタン ［★★★］

外灘は黄浦江にそって南北 2km に渡って続くウォーター・フロント。ここは西欧諸国の居留地がおかれたところで、中国官憲の手がおよばなかったことから、「中国のなかの西欧」にたとえられた。イギリスやアメリカの銀行、商社、領事館などがならび、19 世紀以来、この外灘を拠点に西欧諸国は中国全土へ進出した。世界各地のイギリス植民都市でも使われた「バンド（築堤）」の呼称でも知られる。

【地図】外灘（バンド）

【地図】外灘（バンド）の [★★★]
- ☐ 外灘 外灘ワイタン
- ☐ 南京東路 南京东路ナンジンドンルウ

【地図】外灘（バンド）の [★☆☆]
- ☐ 黄浦江 黄浦江ファンプウジィアン
- ☐ 虹口 虹口ホンコウ

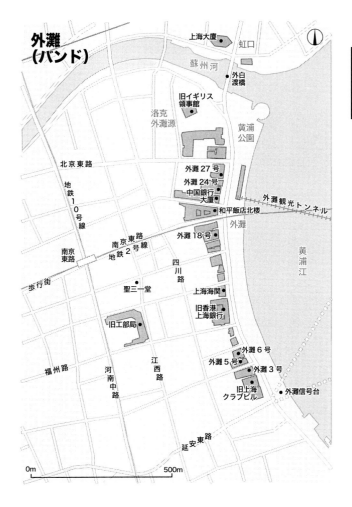

【MEMO】

▲左　緑屋根の和平飯店北楼は上海最高の場所に立つ。　▲右　夜、外灘の建築群はライトアップされる

重厚な外灘建築群

かつて上海の港がおかれたのが外灘で、このウォーター・フロントにならぶ建築には南から1号、2号と番号がつけられている。清朝にも金を貸しつけた「旧香港上海銀行（1923年）」、関税事務を行ない、時計塔をそなえた「上海海関（1927年）」、上海の王とも言われ、サッスーン財閥が本拠を構えた「和平飯店北楼（1929年）」、清朝以来の為替銀行の流れをくむ「中国銀行大厦（1937年）」、東アジアの気候にあわせたベランダ様式をもつ「旧イギリス領事館（1872年）」が知られる。

黄浦江 黄浦江 huáng pǔ jiāng ファンプウジィアン[★☆☆]
上海という地名は「上流の水辺」を意味するなど、黄浦江は上海の発展と深い関わりをもってきた(虹口東の楊樹浦あたりが「下海」と呼ばれていた)。全長114kmの長江の支流で、充分な川幅400mと水深をもつことから、河港がおかれて多くの船が行き交った。黄浦江に面して、租界時代からの伝統をもつ黄浦公園が広がり、対岸の浦東へ続くトンネル外灘観光隧道も位置する。黄浦公園は1868年に整備された当初、「犬と中国人は入るべからず」という看板があったとされる。

▲左 黄浦江の水利によって上海は発展してきた。　▲右　夜、ネオンで彩られる街並み

魔都上海の姿

20世紀初頭、「魔都」「東洋のパリ」とたとえられていた上海。当時、南京東路にはダンスホールがいくつもあり、そこでは身体のラインを強調し、袖のないチャイナ・ドレスを着た踊り子が歌う姿があった。1930年代の上海は、アヘンの売買や賭博をあつかうギャング団、革命家（中国共産党は1921年に上海で結成された）、中国進出をもくろむ列強の外交官などさまざまな人の思惑が衝突する街でもあった。

Guide, Nan Jing Dong Lu
南京東路城市案内

CHINA
上海

上海でもっともにぎわいを見せる南京東路
上海黎明期から中国商人が店を構え
今では上海を訪れた誰もが足を運ぶ観光地となっている

南京東路 南京东路
nán jīng dōng lù ナンジンドンルウ [★★★]

南京東路は外灘から上海中心部へ伸び、この街随一の繁華街と知られてきた。1851年、競馬場（現人民広場）へ続く道として整備され、当時、目新しかったデパート、商店、西欧の時計やカメラをあつかう店も見られた。1999年に南京東路商業歩行街として整備され、1日じゅうにぎわいが続いている（かつての南京路が南京東路で、南京西路は静安寺路と呼ばれていた）。

▲左　路地がそのまま商店街になっている。　▲右　多くの人でにぎわう南京東路、レトロ建築も残る

上海博物館 上海博物馆
shàng hǎi bó wù guǎn シャンハイボォウウグァン[★☆☆]

書画、貨幣、玉器、印章などがテーマごとに展示され、中国屈指の収蔵品をほこる上海博物館。王羲之の書『上虞帖』や玉を素材とした『玉神人』が知られ、外観は中国の世界観「天円地方（天は丸く、地は四角い）」を示している。上海博物館の立つ人民広場は、イギリスによる競馬場があったところで、周囲には上海城市規劃展示館などの博物館、蝋人形が見られる上海マダム・タッソー蝋人形館も位置する。

【地図】南京東路

【地図】南京東路の [★★★]
- ☐ 南京東路 南京东路ナンジンドンルウ
- ☐ 外灘 外滩ワイタン
- ☐ 豫園 豫园ユウゥユゥエン

【地図】南京東路の [★☆☆]
- ☐ 上海博物館 上海博物馆シャンハイボォウウグァン
- ☐ 南京西路 南京西路ナンジンシイルウ

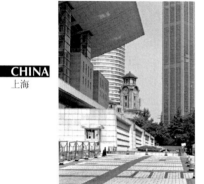

▲左　人民広場はちょうど上海のへそにあたる。　▲右　上海博物館の内部、見応えある展示品が多い

南京西路 南京西路nán jīng xi lù ナンジンシイルウ[★☆☆]

南京西路は、上海の古刹静安寺へ続く静安寺路をはじまりとし、20世紀末から再開発が進んだ。静安公園などの緑地を確保しながらも、恒隆広場やSOHO東海広場などのビジネス拠点、梅龍鎮伊勢丹や高級ブランド店といった商業施設が集まる通りとなっている。あたりには購買力の高い上海人も多く暮らす。

【MEMO】

**Guide,
Yu Yuan**

豫園
城市案内

CHINA
上海

上海には宋代以来の中国伝統県城が残る
洗濯物をほすさおだけやお茶を飲む人々など
上海人のありのままの姿を見ることができる

豫園 豫园 yù yuán ユウゥユゥエン ［★★★］

豫園は明代の1559年にこの地方出身の官吏潘允端によって造園された。楼閣、築山、池を配した江南を代表する名園で、「都市のなかの山水」とたたえられた。壁を丸く繰り抜いた洞門、さまざまな文様の透かし窓、書家による扁額など中国庭園の世界が広がっている。この豫園にいたる四角い池には九曲橋がかかり、中央に湖心亭が立つ。

【MEMO】

【地図】旧上海県城

【地図】旧上海県城の [★★★]
- [ ] 豫園 豫园 ユウゥユゥエン
- [ ] 南京東路 南京东路 ナンジンドンルウ
- [ ] 外灘 外滩 ワイタン

【地図】旧上海県城の [★☆☆]
- [ ] 淮海中路 淮海中路 ファイハイチョンルウ

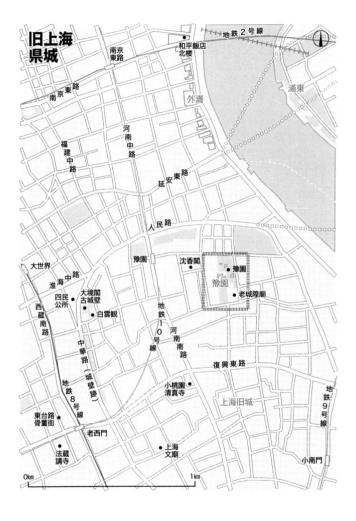

【地図】豫園（園林区）

【地図】豫園（園林区）の [★★★]
☐ 豫園 豫园ユウゥユウエン

【地図】豫園（園林区）の [★★☆]
☐ 豫園商城 豫园商城ユウゥユウエンシャンチャン

上海

豫園商城 豫园商城 yù yuán shāng chéng
ユウゥユゥエンシャンチャン ［★★☆］

清代の18世紀、荒廃した豫園に商人たちが商業拠点をおいたことにはじまる豫園商城。南翔饅頭店の小籠包など上海を代表する老舗が店を構え、多くの人でにぎわう。この豫園商城の近くには上海の「都市の神様」をまつった老城隍廟、明清時代の街並みが再現された上海老街も位置する。

もうひとつの上海

19世紀以降、西欧列強によって街がつくられる以前、上海

▲左　豫園商城のなかの湖心亭。　▲右　２階建てバスが周遊する

には13世紀の南宋時代から続く城壁に囲まれた小さな県城がおかれていた（中央政府から役人が派遣されていた）。それはちょうど現在の豫園あたりにあり、城壁跡が楕円形状に残っている。そのため20世紀になるまで、西欧人を中心とする「租界」と、700年の伝統をもつ中国人の暮らす江南地方の「県城」という性格の異なるふたつの街が併存していた（中国では伝統的に外国人を隔離した）。1912年、城壁は撤去され、街が拡大したため、古い県城は上海の街にくみこまれている。

Guide, Huai Hai Lu
淮海中路城市案内

CHINA 上海

イギリスによる共同租界と上海県城
両者のあいだに構えられたフランス租界
新世界や田子坊といった注目のエリアも位置する

淮海中路 淮海中路
huái hǎi zhōng lù ファイハイチョンルウ [★☆☆]

淮海中路は旧フランス租界の中心を走る大通りで、現在は高級ブランド店やショッピングモールがならぶ。淮海中路一帯は、フランスによってまちづくりが進められたため、美しいプラタナス並木やフランス風のマンションなどが見られる。

新天地 新天地 **xīn tiān dì シンティエンディイ** [★★☆]

旧フランス租界に位置し、最新のファッションや雑貨店、カフェなどが集まる新天地。里弄と呼ばれる集合住宅の街区を

残しながら再開発され、1920年代のオールド上海の面影も見せる。近くには1921年、毛沢東も参加した中国共産党第一次全国大会会址紀念館が残る。

里弄とは

里弄はひとつの入口と路地を住人で共有する集合住宅（長屋）。北京の胡同にもくらべられる上海独特の建築で、19世紀以来、急増する上海の人口にこたえるために建てられた。上海租界の行政を担当した西欧の様式と江南の伝統建築双方の要素が見られる（西欧風のレンガ建築と、中庭をもつ中

【地図】旧フランス租界

【地図】旧フランス租界の [★★☆]
- [ ] 新天地 新天地シンティエンディイ
- [ ] 田子坊 田子坊ティエンツウファン

【地図】旧フランス租界の [★☆☆]
- [ ] 淮海中路 淮海中路ファイハイチョンルウ
- [ ] 上海博物館 上海博物館シャンハイボォウグァン

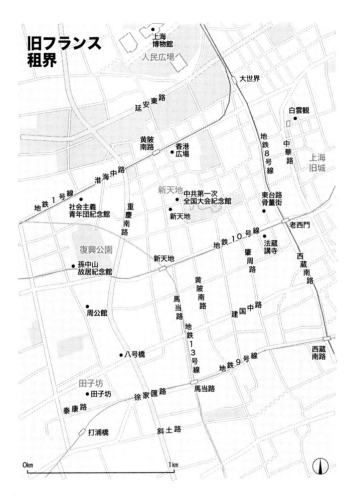

国の伝統建築の要素)。6〜8棟の住人で共有する路地には、洗濯物やバケツなど生活感であふれている。

田子坊 田子坊 Tián zǐ fáng ティエンツウファン [★★☆]

田子坊は、泰康路に面した里弄建築をリノベーションした現代アートの発信地。細い路地にはギャラリー、ショップ、レストランがならび、上海でも人気のエリアとなっている。

中国と現代アート

中国では21世紀に入ってから、現代アートが存在感を急速

▲左 里弄が改装されて現代アートと融合した田子坊。 ▲右 市街南部に立つ龍華塔、八角形プランをもつ仏塔

に増してきた。マルボロ（煙草）やコカ・コーラをアメリカに見立てたり、毛沢東や鄧小平といった政治家をアートの材料にするといった斬新な作風は世界的な評価を受け、作品の価値は21世紀初頭から10年で100倍にもなったという。

龍華寺 龙华寺 lóng huá sì ロンフゥアスー ［★☆☆］

上海市街の南部に残る仏教寺院、龍華寺。大雄宝殿、弥勒殿、天王殿といった建物が軸線にならび、宋代以来の伽藍様式を伝える。龍華寺の前方には、3世紀、呉の孫権の時代に創建され、その後、再建された高さ41mの龍華塔がそびえる。

【MEMO】

Guide, Hong Kou
虹口城市案内

蘇州から流れて黄浦江に合流する蘇州河
その北側に広がるエリア虹口は日本租界がおかれたところで
最盛期には10万人もの日本人が暮らしたという

虹口 虹口 hóng kǒu ホンコウ ［★☆☆］

長さ72m、鉄骨製の外白渡橋で西欧租界と結ばれていた虹口（蘇州河に面して上海大廈や浦江飯店などのクラシックホテルが立つ）。上海の中心部から離れていたこの地には、19世紀末以来、中国人の移民や日本人が多く暮らしていた。とくに日清・日露戦争をへた1915年、日本人人口は上海の外国人のなかで1位となり、長崎と船で結ばれた虹口では日本商品であふれていたという。

【地図】虹口

【地図】虹口の [★★★]
- [ ] 外灘 外灘ワイタン

【地図】虹口の [★☆☆]
- [ ] 虹口 虹口ホンコウ
- [ ] 魯迅公園 魯迅公園ルウシュンゴンユゥエン

魯迅公園 鲁迅公园
lǔ xùn gōng yuán ルウシュンゴンユゥエン [★☆☆]

上海市街から少し離れ、虹口に暮らす中国人の憩いの場となっている魯迅公園。虹口は文豪魯迅（1881〜1936年）がその生涯の最後を暮らした場所で、公園内には魯迅墓や魯迅紀念館が位置する。また魯迅公園の近くには、魯迅が許広平と暮らした魯迅故居、中国人文学者にも愛された内山完造による内山書店旧址も残る。

▲左　虹口には、路地を共有する独特の集合住宅里弄も多く残る。　▲右　朝、魯迅公園で憩う人々

驚愕の上海雑技団

多彩な技と高度なパフォーマンスで知られる中国版サーカス雑技。上海雑技団はその最高峰で、茶碗を重ねて頭に載せる「頂碗」、1台の自転車に10人もの人間が乗るパフォーマンス、机のうえで身体を曲げてポーズをとる「軟体少女」などが知られる。この上海雑技団は音や光をあわせて現代風にアレンジされた演目を見せる上海馬戯城のほか、商城劇院、雲峰劇院、白玉蘭劇場などで上演されている。

城市のうつりかわり

河川がめぐる江南の水郷地帯
長江を通じて中国内陸へ続く地の利
19世紀になって上海の発展ははじまった

江南地方の県城（13〜19世紀）

7世紀の隋代に中国南北を結ぶ運河が開通し、12世紀、南宋の都が杭州（上海南西）に定められたことで江南は発展するようになった。上海では、1267年に鎮がおかれて街が築かれ、明代の1553年、倭寇の襲撃をふせぐための城壁が造営された。その後、倭寇の力が弱まった清代の1685年に上海に江海関（外国との貿易を管理する）がおかれたが実質、開かれず、対外貿易は南方の広州のみで行なわれていた。東アジアへ進出したイギリスは上海での通商を求めるが、清朝は応じないという状況が続いていた。

CHINA
上海

アヘン戦争と開港（1840～1842年）

イギリスなど西欧諸国が求めたのは中国特産の「茶」で、18世紀に産業革命がはじまると、イギリスでは庶民のあいだでも「茶」を飲む習慣が広がっていた。茶の輸入によるイギリスの貿易赤字が拡大するなか、イギリスは植民地インドのアヘンを中国に輸出し、貿易赤字を相殺しようとした。清朝の林則徐はアヘンを厳しくとりしまったが、ジャーディン・マセソン商会などのアヘン商人の圧力からイギリスは艦隊を派遣し、1840年、アヘン戦争がはじまった。近代兵器をもつイギリス軍に清朝はあっさりと敗れ、1842年、南京条約が

▲左　手の込んだ彫像、道端では雑貨もよく見かける。　▲右　南京東路という通り名は南京条約に由来するという

結ばれて、上海などの港が開港させられることなった（このとき香港が割譲され、また清朝と同じく鎖国していた日本は1854年に開港している）。

租界の誕生（1842年～）

南京条約に従って、黄浦江沿いにイギリスの租界（中国の権力がおよばない治外法権）がおかれると、フランス、アメリカなども進出し、イギリスを中心とする14か国の共同租界とフランス租界が形成された。この租界には各国の領事館や商社、銀行などの支社が見られ、中国進出への足がかりとなっ

【MEMO】

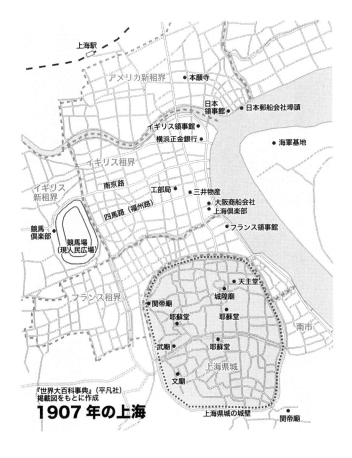

Shanghai　城市のうつりかわり

CHINA
上海

ていた(租界の建築は西欧人が設計を担当したため、西欧式の建物が上海に現れた)。こうして租界は東アジアにおける西欧の拠点となり、電気や街灯、上下水道など産業革命をへた西欧の文明がもたらされた。

東アジアの魔都(1920年～)

太平天国の乱(1851 ～ 1864 年)を機に多くの中国人が上海租界に流入し、上海の人口は右肩あがりに伸びていった。西欧列強が行政を担当する上海にはさまざまな人々が集まり、イギリス、フランス、アメリカ、ロシアなど各国の文化が混

Shanghai 城市のうつりかわり

▲左　市街西部の虹橋総合交通ターミナル、各都市への列車が運行している。
▲右　20世紀初頭の建物が今でも使われている

交し、競馬、社交界、売春、ジャズ、賭博など上海独特の文化がつくられていった。中国官憲の力がおよばず、どの国にも属さない上海租界ではギャング団が暗躍し、肌をあらわにした中国女性がダンスホールで踊るといった光景が見られ、東アジア最大の「魔都」と呼ばれるようになった。

中華人民共和国の誕生（1947年～）

1947年、中国共産党主導による中華人民共和国が誕生すると、上海在住の資本家はイギリス植民地下の香港へ逃れていった（中国共産党は1921年に上海で結成されている）。そ

CHINA
上海

れからしばらく中国では計画経済政策がとられていたが、1992年に南巡講話を発表した鄧小平の時代、資本主義の要素をとり入れる改革開放路線へ大きく舵が切られた。上海に外国資本を誘致する経済特区がおかれ、それまで湿地帯の広がっていた浦東に高層ビル群が林立するようになった。21世紀に入って経済一辺倒だった政策から、文化や芸術、心の豊かさなども模索されるようになり、上海には新たなスポットが次々に現れている。

Shanghai

城市のうつりかわり

参考文献

『魔都上海』（劉建輝 / 講談社）

『現代中国文化探検』（藤井省三 / 岩波書店）

『中国の歴史散歩 3』（山口修 / 山川出版社）

『中国世界遺産の旅 4』（武内房司 / 講談社）

『上海共同租界』（NHK"ドキュメント昭和"取材班 / 角川書店）

『近代とは何か』（鈴木博之 / 東京大学出版会）

『上海路上探検』（渡辺浩平 / 講談社）

『世界大百科事典』（平凡社）

［PDF］上海地下鉄路線図 http://machigotopub.com/pdf/shanghaimetro.pdf

［PDF］上海浦東国際空港案内 http://machigotopub.com/pdf/shanghaiairport.pdf

［PDF］上海虹橋国際空港案内 http://machigotopub.com/pdf/shanghaihongqiaoairport.pdf

［PDF］上海地下鉄歩き http://machigotopub.com/pdf/metrowalkshanghai.pdf

まちごとパブリッシングの旅行ガイド
Machigoto INDIA , Machigoto ASIA , Machigoto CHINA

【北インド - まちごとインド】

001 はじめての北インド
002 はじめてのデリー
003 オールド・デリー
004 ニュー・デリー
005 南デリー
012 アーグラ
013 ファテープル・シークリー
014 バラナシ
015 サールナート
022 カージュラホ
032 アムリトサル

【西インド - まちごとインド】

001 はじめてのラジャスタン
002 ジャイプル
003 ジョードプル
004 ジャイサルメール
005 ウダイプル
006 アジメール（プシュカル）
007 ビカネール
008 シェカワティ
011 はじめてのマハラシュトラ
012 ムンバイ
013 プネー
014 アウランガバード
015 エローラ
016 アジャンタ
021 はじめてのグジャラート
022 アーメダバード
023 ヴァドダラー（チャンパネール）
024 ブジ（カッチ地方）

【東インド - まちごとインド】

002 コルカタ
012 ブッダガヤ

【南インド - まちごとインド】

001 はじめてのタミルナードゥ
002 チェンナイ
003 カーンチプラム
004 マハーバリプラム
005 タンジャヴール
006 クンバコナムとカーヴェリー・デルタ
007 ティルチラパッリ
008 マドゥライ
009 ラーメシュワラム
010 カニャークマリ
021 はじめてのケーララ
022 ティルヴァナンタプラム
023 バックウォーター（コッラム〜アラップーザ）
024 コーチ（コーチン）
025 トリシュール

【ネパール - まちごとアジア】

001 はじめてのカトマンズ
002 カトマンズ
003 スワヤンブナート

004 パタン
005 バクタプル
006 ポカラ
007 ルンビニ
008 チトワン国立公園

【バングラデシュ - まちごとアジア】

001 はじめてのバングラデシュ
002 ダッカ
003 バゲルハット（クルナ）
004 シュンドルボン
005 プティア
006 モハスタン（ボグラ）
007 パハルプール

【パキスタン - まちごとアジア】

002 フンザ
003 ギルギット（KKH）
004 ラホール
005 ハラッパ
006 ムルタン

【イラン - まちごとアジア】

001 はじめてのイラン
002 テヘラン
003 イスファハン
004 シーラーズ
005 ペルセポリス
006 パサルガダエ（ナグシェ・ロスタム）
007 ヤズド
008 チョガ・ザンビル（アフヴァーズ）
009 タブリーズ

010 アルダビール

【北京 - まちごとチャイナ】

001 はじめての北京
002 故宮（天安門広場）
003 胡同と旧皇城
004 天壇と旧崇文区
005 瑠璃廠と旧宣武区
006 王府井と市街東部
007 北京動物園と市街西部
008 頤和園と西山
009 盧溝橋と周口店
010 万里の長城と明十三陵

【天津 - まちごとチャイナ】

001 はじめての天津
002 天津市街
003 浜海新区と市街南部
004 薊県と清東陵

【上海 - まちごとチャイナ】

001 はじめての上海
002 浦東新区
003 外灘と南京東路
004 淮海路と市街西部
005 虹口と市街北部
006 上海郊外（龍華・七宝・松江・嘉定）
007 水郷地帯（朱家角・周荘・同里・甪直）

【河北省 - まちごとチャイナ】

001 はじめての河北省
002 石家荘
003 秦皇島
004 承徳
005 張家口
006 保定
007 邯鄲

【江蘇省 - まちごとチャイナ】

001 はじめての江蘇省
002 はじめての蘇州
003 蘇州旧城
004 蘇州郊外と開発区
005 無錫
006 揚州
007 鎮江
008 はじめての南京
009 南京旧城
010 南京紫金山と下関
011 雨花台と南京郊外・開発区
012 徐州

【浙江省 - まちごとチャイナ】

001 はじめての浙江省
002 はじめての杭州
003 西湖と山林杭州
004 杭州旧城と開発区
005 紹興
006 はじめての寧波
007 寧波旧城
008 寧波郊外と開発区
009 普陀山
010 天台山
011 温州

【福建省 - まちごとチャイナ】

001 はじめての福建省
002 はじめての福州
003 福州旧城
004 福州郊外と開発区
005 武夷山
006 泉州
007 厦門
008 客家土楼

【広東省 - まちごとチャイナ】

001 はじめての広東省
002 はじめての広州
003 広州古城
004 天河と広州郊外
005 深圳（深セン）
006 東莞
007 開平（江門）
008 韶関
009 はじめての潮汕
010 潮州
011 汕頭

【遼寧省 - まちごとチャイナ】

001 はじめての遼寧省
002 はじめての大連
003 大連市街
004 旅順
005 金州新区

006 はじめての瀋陽
007 瀋陽故宮と旧市街
008 瀋陽駅と市街地
009 北陵と瀋陽郊外
010 撫順

【重慶 - まちごとチャイナ】

001 はじめての重慶
002 重慶市街
003 三峡下り（重慶〜宜昌）
004 大足

【香港 - まちごとチャイナ】

001 はじめての香港
002 中環と香港島北岸
003 上環と香港島南岸
004 尖沙咀と九龍市街
005 九龍城と九龍郊外
006 新界
007 ランタオ島と島嶼部

【マカオ - まちごとチャイナ】

001 はじめてのマカオ
002 セナド広場とマカオ中心部
003 媽閣廟とマカオ半島南部
004 東望洋山とマカオ半島北部
005 新口岸とタイパ・コロアン

【Juo-Mujin（電子書籍のみ）】

Juo-Mujin 香港縦横無尽
Juo-Mujin 北京縦横無尽
Juo-Mujin 上海縦横無尽

【自力旅游中国 Tabisuru CHINA】

001 バスに揺られて「自力で長城」
002 バスに揺られて「自力で石家荘」
003 バスに揺られて「自力で承徳」
004 船に揺られて「自力で普陀山」
005 バスに揺られて「自力で天台山」
006 バスに揺られて「自力で秦皇島」
007 バスに揺られて「自力で張家口」
008 バスに揺られて「自力で邯鄲」
009 バスに揺られて「自力で保定」
010 バスに揺られて「自力で清東陵」
011 バスに揺られて「自力で潮州」
012 バスに揺られて「自力で汕頭」
013 バスに揺られて「自力で温州」

【車輪はつばさ】
南インドのアイラヴァテシュワラ寺院には建築本体に車輪がついていて寺院に乗った神さまが人びとの想いを運ぶと言います。

・本書はオンデマンド印刷で作成されています。
・本書の内容に関するご意見、お問い合わせは、発行元のまちごとパブリッシング info@machigotopub.com までお願いします。

まちごとチャイナ
上海001はじめての上海
～中国へのゲートウェイ［モノクロノートブック版］

2017年11月14日　発行

著　者	「アジア城市（まち）案内」制作委員会
発行者	赤松　耕次
発行所	まちごとパブリッシング株式会社 〒181-0013　東京都三鷹市下連雀4-4-36 URL http://www.machigotopub.com/
発売元	株式会社デジタルパブリッシングサービス 〒162-0812　東京都新宿区西五軒町11-13 清水ビル3F
印刷・製本	株式会社デジタルパブリッシングサービス URL http://www.d-pub.co.jp/

MP087

ISBN978-4-86143-221-7 C0326　　　Printed in Japan
本書の無断複製複写(コピー)は、著作権法上での例外を除き、禁じられています。